DATE DUE			

Viajando en autobús

por Dorothy Chlad

ilustrado por Lydia Halverson

Traductora: Lada Josefa Kratky

Consultante: Dr. Orlando Martinez-Miller

CHILDRENS PRESS ®

CHICAGO

Library of Congress Cataloging-in-Publication Data

Chlad, Dorothy.
  Viajando en autobús.

  (Pueblo de seguridad)
  Resumen: Un niño describe las precauciones que
toman él y sus amigos al viajar en autobús.
    1.   Accidentes infantiles—Prevención—Literatura
infantil.   2.   Autobuses—Reglas de seguridad—Literatura
infantil.   3.   Seguridad de niños respecto al tráfico—Literatura
infantil.   [1.   Autobuses—Reglas de seguridad.   2.   Seguridad]
I.   Título.   II.   Serie: Chlad, Dorothy. Pueblo de
seguridad.
HV675.5.C47   1985   613.6'8   85-12570
ISBN 0-516-31979-5   AACR2

Childrens Press®, Chicago
Copyright ©1988, 1985 by Regensteiner Publishing Enterprises, Inc.
All rights reserved. Published simultaneously in Canada.
Printed in the United States of America.
  2 3 4 5 6 7 8 9 10 R 94 93 92 91

Hola. Me llamo Roberto.

¿Quieres ser el ayudante del conductor del autobús?

Así es como mis amigos y yo le ayudamos al conductor del autobús.

Esperamos en fila.

Cuando el autobús
se acerca, el
conductor pone unas
luces intermitentes—
se prenden y se apagan.

Esperamos en la acera hasta que el autobús pare.

Cuando el conductor
abre la puerta, nos
subimos uno a la vez.

Nos agarramos de
la barra.

Nos sentamos bien,
apoyando la espalda
contra el asiento.

El conductor trabaja
mucho. Mira con
cuidado para ver
si pasan carros,
motocicletas,
bicicletas o
personas a pie.

También escucha, para
poder oír las sirenas
de los carros de
policía o de las
ambulancias.

17

18

Mis amigos y yo hablamos en voz baja para que el conductor pueda oír.

El autobús para
en los cruces de
ferrocarriles. Vemos
como cruzan los
trenes. A veces
contamos los vagones.

Cuando nos bajamos del autobús, esperamos hasta que sea nuestro turno.

23

A veces viajo en
autobús con mis padres.

Vamos de compras.

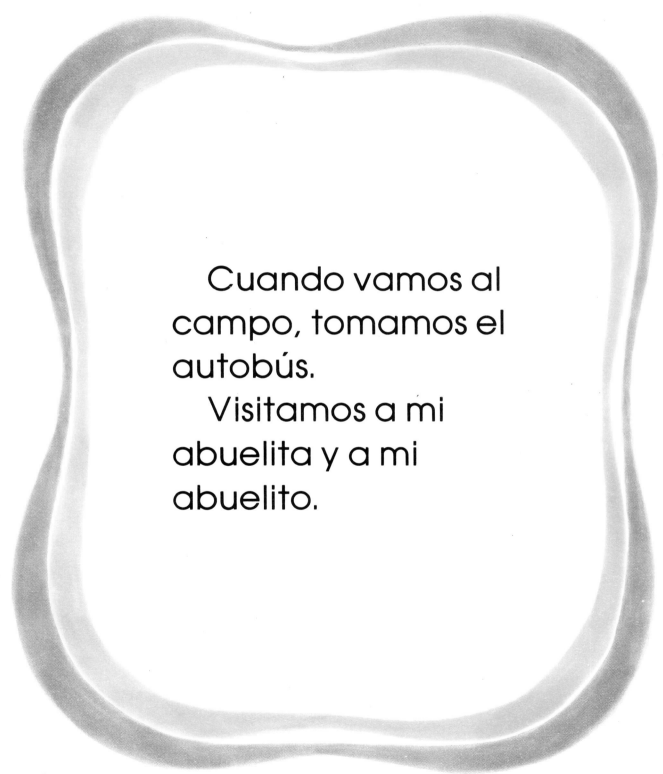

Cuando vamos al campo, tomamos el autobús.

Visitamos a mi abuelita y a mi abuelito.

Es divertido viajar
en autobús durante
cualquier estación
del año.

Tú y tus amigos
también pueden ser los
ayudantes del conductor.

Recuerden:
Esperen en fila en
la acera.

Esperen hasta que
el autobús haya parado.
Agárrense de la barra.
Siéntense bien,
apoyando la espalda
contra el asiento.
Hablen en voz baja.

Sobre la autora

Dorothy Chlad, fundadora del concepto total de Pueblo de Seguridad, es conocida internacionalmente como figura principal en la Educación de Seguridad en los niveles pre-escolares y niñez. Ha escrito ocho libros sobre el programa y ha dirigido las únicas conferencias sobre el tema. Bajo la dirección de la Sra. Chlad, se fundó el Centro Nacional del Pueblo de Seguridad, para promover el programa por medio del la cooperación de la comunidad.

Ha presentado la importancia de la educación de la seguridad en conferencias locales, estatales y nacionales sobre la seguridad y educación, como la National Community Education Association, el National Safety Council, y el American Driver y Traffic Safety Education Association. Sirve como miembro de varios comités nacionales, como la Highway Traffic Safety Division y el Educational Resources Division del National Safety Council. Chlad participó activamente en la sexta conferencia internacional de educación de la seguridad.

Dorothy Chlad sigue siendo consejera de los departamentos de seguridad y educación del estado. También ha sido consejera del programa de televisión llamado "Sesame Street" y recientemente escribió esta serie de libros sobre la seguridad para el Childrens Press.

Como participante en conferencias en la Casa Blanca sobre la seguridad, Dorothy Chlad ha recibido muchos honores y condecoraciones que incluyen el National Volunteer Activist y el YMCA Career Woman of Achievement. En 1983, Dorothy Chlad fue una de sesenta personas de la nación que recibió el **Premio del Presidente por Acción Voluntaria** del presidente Reagan por sus veinte años de esfuerzos en Pueblo de Seguridad. Ella ha sido también seleccionada para ser includída en **Who's Who of American Women, Personalities of America**, el **International Directory of Distinguished Leadership, Who's Who of the Midwest** y la 8ª edición de **The World Who's Who of Women.**

Sobre la artista

Lydia Halverson nació Lydia Geretti en el centro de Manhattan. Al cumplir dos años, su familia se mudó de Nueva York a Italia. Cuatro años más tarde sus padres volvieron a los Estados Unidos y se establecieron en el área de Chicago. Lydia asistió a la Universidad de Illinois y se graduó con un título en bellas artes. Trabajó como diseñadora gráfica por muchos años antes de finalmente concentrarse en ilustrar libros.